STAGEA
クラシック・シリーズ

グレード5〜3級

Vol.10

バレエ組曲
くるみ割り人形

『STAGEA クラシック・シリーズ(グレード5〜3級)』は、クラシックの様々な名曲を演奏グレード5〜3級の範囲でアレンジしたシリーズです。この「Vol.10 バレエ組曲『くるみ割り人形』」では、エレクトーン曲集では初となる、組曲全8曲を収載しています。CMなどでもよく取り上げられる「あし笛の踊り」や「花のワルツ」、バレエの華やかで軽やかな踊りが想像できる「行進曲」や「ロシアの踊り(トレパーク)」など……。物語のあらすじも収載していますので、ストーリーを想像しながら弾けば『くるみ割り人形』のバレエの世界に足を踏み込めることでしょう。

「花のワルツ」は『EL クラシック・シリーズ(グレード5〜3級)② クラシック名曲集1〜花のワルツ〜』より再収録しております。

LOVE THE ORIGINAL
楽譜のコピーはやめましょう

STAGEA クラシック・シリーズ（グレード5〜3級）Vol.10

バレエ組曲「くるみ割り人形」

別売対応データの入手方法	4
別売対応データの詳細一覧	5
「くるみ割り人形」物語	6
演奏のポイント	8

難易度

ロシアの踊り（トレパーク）	10	★★
あし笛の踊り	16	★★
小序曲	22	★★
アラビアの踊り	33	★★
花のワルツ	40	★★
こんぺい糖の踊り	52	★★
行進曲	57	★★
中国の踊り	64	★★

★ ★★ ★★★　★の数が増えるほど難易度があがります。★の数とグレードの級数は関係がありません。

この曲集の使い方	68

※本書は、『STAGEA・EL クラシック・シリーズ（グレード5〜3級）Vol.10 バレエ音楽「くるみ割り人形」』と同内容ですが、STAGEA専用曲集として再発行いたしました。
※この曲集を用いてのグレード受験に際しては、機種の選定を含め要項をご確認の上、その指示に従ってください。

別売対応データの入手方法

❶ 楽器本体が最新バージョンになっていることを確認してください。
❶ 動作確認済みUSBフラッシュメモリーをご使用ください。
最新の情報は、http://jp.yamaha.com/electone/ で公開しています。

下記の3種類があります。

「ぷりんと楽譜」パソコンサイトからご購入

「ぷりんと楽譜」のエレクトーン専用サイト https://www.print-gakufu.com/el/ または「ヤマハミュージックメディア」https://www.ymm.co.jp/ の曲集詳細ページ内にある「ぷりんと楽譜」のバナーをクリックし、表示される画面からデータをご購入いただけます。ダウンロード手順などの詳細は、サイト内でご案内しています。

ミュージックデータ販売システム「Muma」でご購入

データご購入の際は、必ず空き容量が十分ある「USBフラッシュメモリー」をご持参ください（お持ちになったメディアにデータが書き込まれます）。Muma設置店は、https://www.ymm.co.jp/muma/ にてご案内しています。

「ヤマハミュージックデータショップ」から、パソコンまたは専用アプリを経由してダウンロード

「ヤマハミュージックデータショップ」http://yamahamusicdata.jp で、データをご購入いただけます。ダウンロード手順などの詳細は、サイト内でご案内しています。

別売対応データの詳細一覧

❗ 商品の入手方法、仕様および価格などは、予告なく変更されることがあります。

商品名	収録データの内容	価格（税別）	Muma商品コード ELS-01C/X	Muma商品コード ELS-01
アルバム 4曲入り STAGEA クラシック・シリーズ（グレード5〜3級）Vol.10 バレエ音楽「くるみ割り人形」 Aセット	レジストレーション	1,200円	GE016728	GE016738
単曲 ロシアの踊り（トレパーク）	レジストレーション	360円	GE016729	GE016739
単曲 あし笛の踊り	レジストレーション	360円	GE016730	GE016740
単曲 小序曲	レジストレーション	360円	GE016731	GE016741
単曲 アラビアの踊り	レジストレーション	360円	GE016732	GE016742
アルバム 4曲入り STAGEA クラシック・シリーズ（グレード5〜3級）Vol.10 バレエ音楽「くるみ割り人形」 Bセット	レジストレーション	1,200円	GE016733	GE016743
単曲 花のワルツ	レジストレーション	360円	GE016734	GE016744
単曲 こんぺい糖の踊り	レジストレーション	360円	GE016735	GE016745
単曲 行進曲	レジストレーション	360円	GE016736	GE016746
単曲 中国の踊り	レジストレーション	360円	GE016737	GE016747

※ ELS-02C・02Xは01C・01X用データを、ELS-02は01用データをお使いいただけます。
※ ELシリーズ用データの販売はございません。

バレエ組曲 くるみ割り人形

『くるみ割り人形』について

チャイコフスキーとバレエ『くるみ割り人形』

　ピョートル・イリイチ・チャイコフスキー（1840～1893）は、バレエ音楽に極めて大きな果実をもたらした作曲家で、作品として残された3曲、『白鳥の湖』『眠れる森の美女』『くるみ割り人形』は、現在も世界中のバレエ団によって、もっとも人気の高いレパートリーとして頻繁に上演され続けています。そしてその3番目、すなわちチャイコフスキーが最後に手がけたバレエ音楽であり、円熟した作曲技術を余すところなく発揮した会心の作品が『くるみ割り人形』（作品71）です。

　1890年に『眠れる森の美女』（作品66）で成功を収めたチャイコフスキーは、1891年から1892年のシーズンの企画として、劇場支配人のフセヴォロシスキーから、バレエとオペラの新作を並べる公演の提案を受けます。そこでバレエの題材として選ばれたのが、ドイツ・ロマン派の作家、E.T.A.ホフマンの童話「くるみ割り人形とハツカネズミの王様」（実際に使用されたのはアレクサンドル・デュマ・ペールによるフランス語版）。台本は、『白鳥の湖』（作品20）と『眠れる森の美女』でもコンビを組んだフランス人の振付師、マリウス・プティパが担当し、1891年2月にはチャイコフスキーの手元に届いていました。しかしその年、チャイコフスキーは、指揮者としてアメリカなどへの演奏旅行が予定されていたこともあって速やかに作曲を進めることができず、スコアを書き上げたのは1892年3月のことでした。

　バレエの振付は、予定していたプティパが病に倒れたため、後輩のレフ・イワノフが引き継ぎました。初演は、1892年12月、ペテルブルグのマリンスキー劇場。並行して作曲されていたオペラ『ヨランタ』（作品69）と組み合わせて上演されています。

　初演の当初の評判は賛否両論があり、けっして成功とはいえなかったようです。その原因としては、物語がドラマティックではなく当時の好みに合っていなかったこと、イワノフの演出に魅力がなかったことなどが挙げられています。しかしチャイコフスキーの音楽の力は圧倒的で、作曲者の没後、この作品の人気は急速に高まりました。現在では、バレエ音楽の最高傑作のひとつとして、ゆるぎない地位を得ています。

組曲『くるみ割り人形』

　チャイコフスキーは、バレエ音楽『くるみ割り人形』のスコアを完成する直前の1892年3月、みずから指揮する演奏会のために、8曲を抜粋して管弦楽用の組曲（作品71a）にまとめ、初演しました。この演奏は大成功だったと伝えられています。

Ⅰ 小序曲　おとぎ話の幕開けにふさわしい、小さく愛らしい軽快な序曲。
Ⅱ 行進曲　ファンファーレのようなフレーズと動きのあるメロディーが、クリスマス・ツリーを囲む子どもたちの様子をいきいきと表現しています。
Ⅲ こんぺい糖の踊り　お菓子の国の女王が踊るソロのための幻想的な舞曲で、チェレスタの音色が効果的。
Ⅳ ロシアの踊り（トレパーク）　速いテンポでエネルギッシュに表現された、郷土的で勇壮なロシアの農民の踊り。
Ⅴ アラビアの踊り　グルジアの子守唄を元にしたといわれる、たゆたう旋律が東洋的なコーヒーの精の踊り。
Ⅵ 中国の踊り　フルートのパッセージが軽やかな、中国をモチーフにしたお茶の葉の精の踊り。
Ⅶ あし笛の踊り　アーモンドの精の羊飼いがあし笛を吹いて踊る舞曲で、3本のフルートの響きが印象的。
Ⅷ 花のワルツ　ハープのカデンツァがホルンの柔らかなメロディーに受け継がれ、華やかな舞曲が繰り広げられます。

舞台のあらすじ

第1幕第1場

　クリスマス・イブの夜。シュタールバウム家のパーティー。娘のクララは、名付け親のドロッセルマイヤーからくるみ割り人形をプレゼントされて大喜び。ところが、横取りしようとした兄のフリッツと奪い合いになり、人形は壊れてしまいます。人形使いでもあるドロッセルマイヤーがそれを手当てしてくれたので、クララはほっとしたのでした。

　お客が帰り、家族も寝静まった深夜。クララは広間に置いたくるみ割り人形のことが気になって眠れません。ベッドを抜け出し、真っ暗な広間に戻り、人形を抱きしめます。その時、12時を知らせる時計の音。突然、クララのまわりにあるものがみな、どんどん大きくなります。じつはクララのほうが、人形の大きさにまで小さくなっていたのです。そこへ現れるネズミの大群。くるみ割り人形の指揮するおもちゃの兵隊が迎え撃って戦争に。やがてくるみ割り人形とネズミの王様の一騎打ちになりますが、人形が負けそう。そこでクララはスリッパを投げつけます。それが王様に命中し、ネズミたちは総崩れ。起き上ったくるみ割り人形は美しい王子の姿になっていて、助けてくれたクララをお菓子の国に招待したのでした。

第1幕第2場

　クララと王子は、雪が舞う森を、雪の精たちに見守られながら旅します。

第2幕

　お菓子の国に到着したクララと王子。女王はこんぺい糖の精。クララを歓迎する宴が始まります。次々と踊りを披露するお菓子の精たち。チョコレート(「スペインの踊り」)、コーヒー(「アラビアの踊り」)、お茶(「中国の踊り」)……。そしてこんぺい糖の精の侍女たちが踊る「花のワルツ」で宴は最高潮を迎え、最後に王子とこんぺい糖の精が踊ります。

　宴が終わって、みなに別れを告げたクララ。気がつけば、そこはシュタールバウム家の広間。クララは眠りから目覚めたのでした。

演奏のポイント

ロシアの踊り（トレパーク）

Aから勢いよく演奏を始めてください。アーティキュレーション、ダイナミクスをしっかり意識して、タテの線をしっかりそろえましょう。CではL.K.で8分音符の刻みが出てきますが、リズムが乱れないようにメロディーを支えてください。また、メロディーはコントラバス等の低音楽器になりますので、力強いタッチで演奏しましょう。Fではテンポが変化しますので、しっかり把握してください。全体的に躍動感が出せるように心がけましょう。

（大木裕一郎）

あし笛の踊り

U.K.にフルートの三重奏がたくさん出てきます。音が欠けることのないよう、ツブをそろえて弾いてください。また、Aの5小節目とCの3小節目など、トップのメロディーラインは同じ音であっても、内声の音が違う箇所がありますのでしっかり譜読みをしてください。BはL.K.がメロディーですので、しっかり歌って表情をつけましょう。D、Eは短調ですので、他の部分より少し暗い気分で、かつ行進曲風な感じを出してください。全体的には、重音奏の難しさや重さを感じさせないように、軽やかに鮮やかに演奏してください。

（松内 愛）

小序曲

全体的に臨時記号が多くありますので、慎重に譜読みを進めましょう。また、和音の押さえ方など、左手がやや複雑な動きですので、注意して練習してください。Cの1〜8小節目ではディレイを使用しています。演奏するテンポに合わせて、設定を変更してください。Dの13小節目以降のL.K.は木管楽器の音色になっていますので、短すぎないように注意し、最適な音価を探りましょう。この曲は、低音域を使わないことで軽い表情になっています。それをふまえて、かわいらしく軽い表情で演奏できるとよいでしょう。

（岩崎孝昭）

アラビアの踊り

L.K.は曲中のほとんどで16分音符の同じリズムを刻んでいます。緊張感をもって、崩れないように気をつけてください。手首をやわらかくして、力みすぎないのがポイントです。U.K.のメロディーは、そのリズムの上で、それぞれの楽器をイメージしながらたっぷりと歌いましょう。また、楽器が移り変わっていくときに、フレーズの終わりが雑にならないように気をつけてください。BやDのU.K.、FのL.K.に出てくる弦のメロディーは、長いフレーズを感じながら、強弱の差をしっかりつけましょう。全体的にエキゾチックな曲ですので、雰囲気を大切に演奏してください。

（廣田奈緒子）

花のワルツ

原曲の雰囲気をなるべく変えないようにしながら、リズムを使用してアレンジしました。Introはリズムを使用しませんので、あまり崩しすぎない程度にテンポを揺らしてもよいでしょう。F以降はテンポが変わりますので、しっかりと合わせるように練習してください。全体的に臨時記号が多いので注意深く読譜し、曲想をつけてワルツのリズムにのって流れるように演奏できるとよいでしょう。

(矢口理津子)

こんぺい糖の踊り

MEMORY 2〜4、MEMORY 12〜14に見られるL.K.の32分音符は、右手でサポートしてもよいでしょう。また、BのL.K.の3和音もレガートが難しい場合は部分的に右手で上声をサポートすることが可能です。MEMORY 6、8、9のU.K.、B音は、短くならないように十分な音価を保って演奏してください。ここのB音は、A.T.の抜き方、離鍵の瞬間まで気を配って全体がsfからmpに自然に向かうような流れを作りましょう。Cは始めに和音を把握してから練習してください。全体的にあまり過度なダイナミクスやアクセントはつけないよう気をつけて演奏しましょう。

(諏訪智数)

行進曲

C以降はスタッカートとスラーを表記していますが、それ以外の部分でもスタッカートを意識してください。特に8分音符に対してはスタッカートをつけた演奏にするとよいでしょう。また、スラーがついている後ろの音もスタッカートぎみにしてください。A3小節目や5小節目のようなダイナミクスは、エクスプレッションペダルでデクレッシェンドするとともにアフタータッチでもデクレッシェンドできるとよいでしょう（A3小節目の場合、2分音符の音を弾く際に瞬時にアフタータッチをかけ、その後すぐにアフタータッチを解除する）。曲全体のダイナミクスはmfからffまでありますが、強弱の幅があまり大きくなりすぎないように気をつけましょう。

(坂井知寿)

中国の踊り

リズムを使用しませんので、L.K.でしっかりテンポをキープしてください。また、U.K.の7連符や5連符にL.K.がつられないようにしましょう。フルート（ピッコロ）のメロディーはL.K.のスタッカートにつられずテヌートぎみに、ピチカートのところは軽やかに演奏しましょう。AとBの楽譜は同じパターンですが、リードボイスにグロッケンが設定されるのでメモリーチェンジが増えます。

(吉原美帆)

ロシアの踊り(トレパーク)

Russian Dance ; Trepak

作曲：P. I. Tchaikovsky　エレクトーン編曲：大木裕一郎

機　種	操作手順		メモリーチェンジ	レジスト数
ELS-01C／X ELS-01	Pロシアの踊り(トレパーク) 01C/X → ▶(MDR PLAY) → SEQ.①②③④ → MEMORY 1 → RHYTHM START		レジスト シーケンス	1個

※SEQ.①はここから始まります。

※SEQ.②はここから始まります。

※SEQ.④はここから始まります。

あし笛の踊り
Dance of the Reed-Pipes

作曲：P. I. Tchaikovsky　エレクトーン編曲：松内 愛

機種	操作手順	メモリーチェンジ	レジスト数
ELS-01C／X ELS-01	Pあし笛の踊り 01C／X → (MDR PLAY) → MEMORY 1 → RHYTHM START → RHYTHM STOP (FOOT SWITCH) → SEQ.①	レジスト シフト	2個

● この曲ではレジストレーション・データを2つ使用します。楽譜中の NEXT のタイミングで右フットスイッチを押して、次のレジストレーション・データをエレクトーン本体にセットしてください。
● リズムスタートは D からです。
● 演奏を始める前にリズムを一度スタートさせて、左フットスイッチで止めておいてください。その後SEQ.①を押してください。

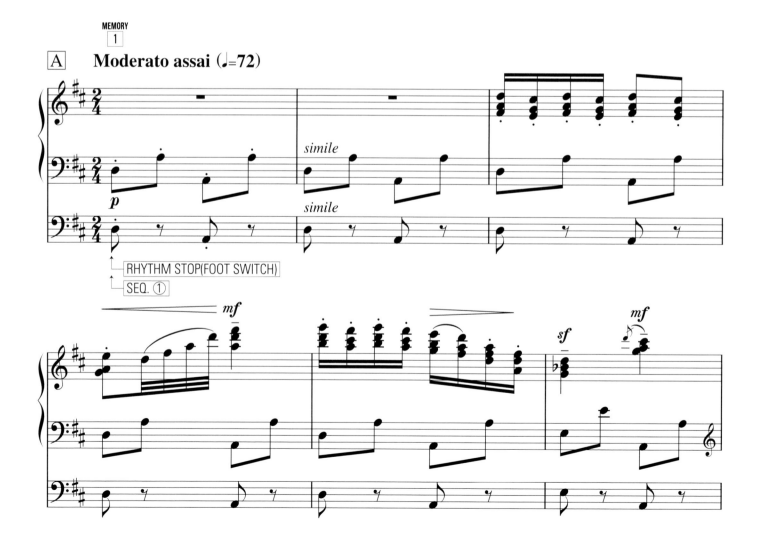

※SEQ.①はここから始まります。

小序曲
Miniature Overture

作曲：P. I. Tchaikovsky　エレクトーン編曲：岩崎孝昭

機　種	操作手順			メモリーチェンジ	レジスト数
ELS-01C／X ELS-01	P小序曲 01C/X → (MDR PLAY) → MEMORY 1			レジストシフト	2個

● この曲ではレジストレーション・データを2つ使用します。楽譜中の NEXT のタイミングで右フットスイッチを押して、次のレジストレーション・データをエレクトーン本体にセットしてください。
● この曲では、リズムは使用しません。

アラビアの踊り
Arabian Dance

作曲：P. I. Tchaikovsky　エレクトーン編曲：廣田奈緒子

機種	操作手順		メモリーチェンジ	レジスト数
ELS-01C／X ELS-01			レジスト シーケンス	1個

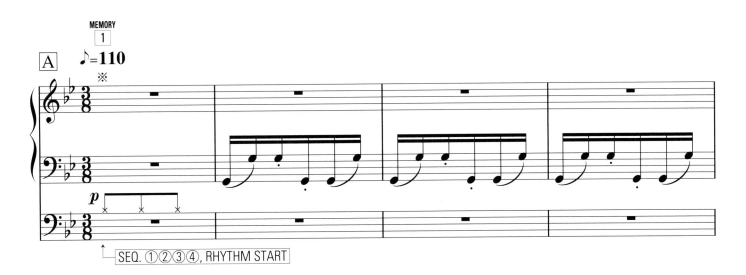

※SEQ.①はここから始まります。

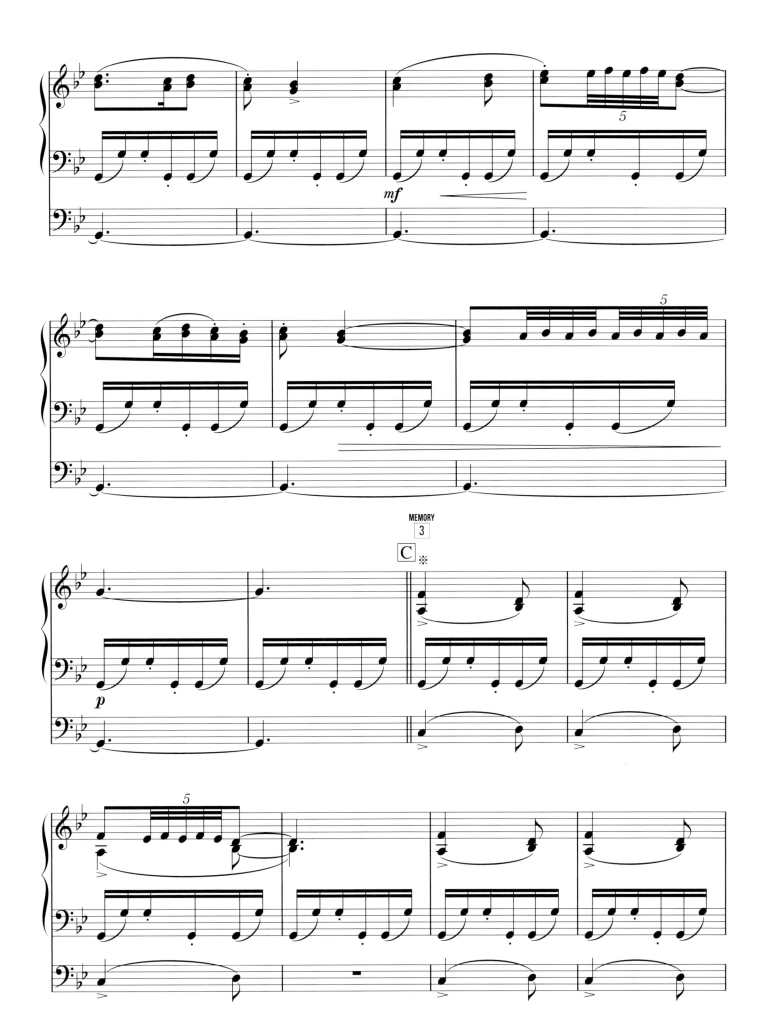

※SEQ.②はここから始まります。

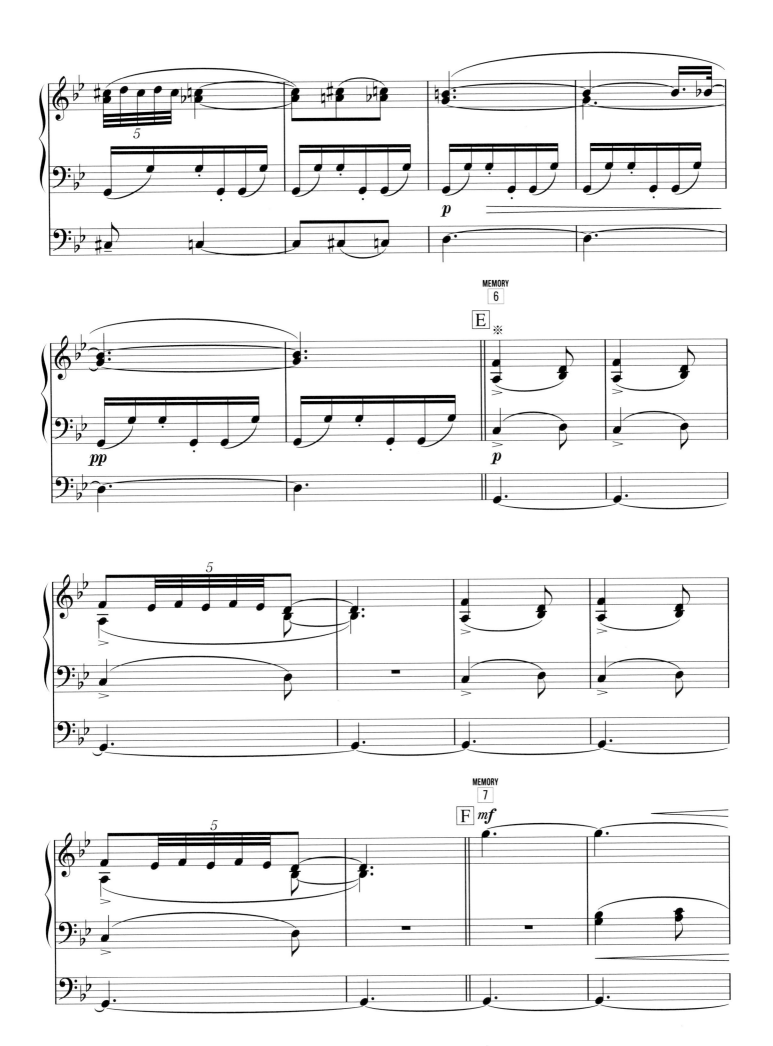

※SEQ.③はここから始まります。

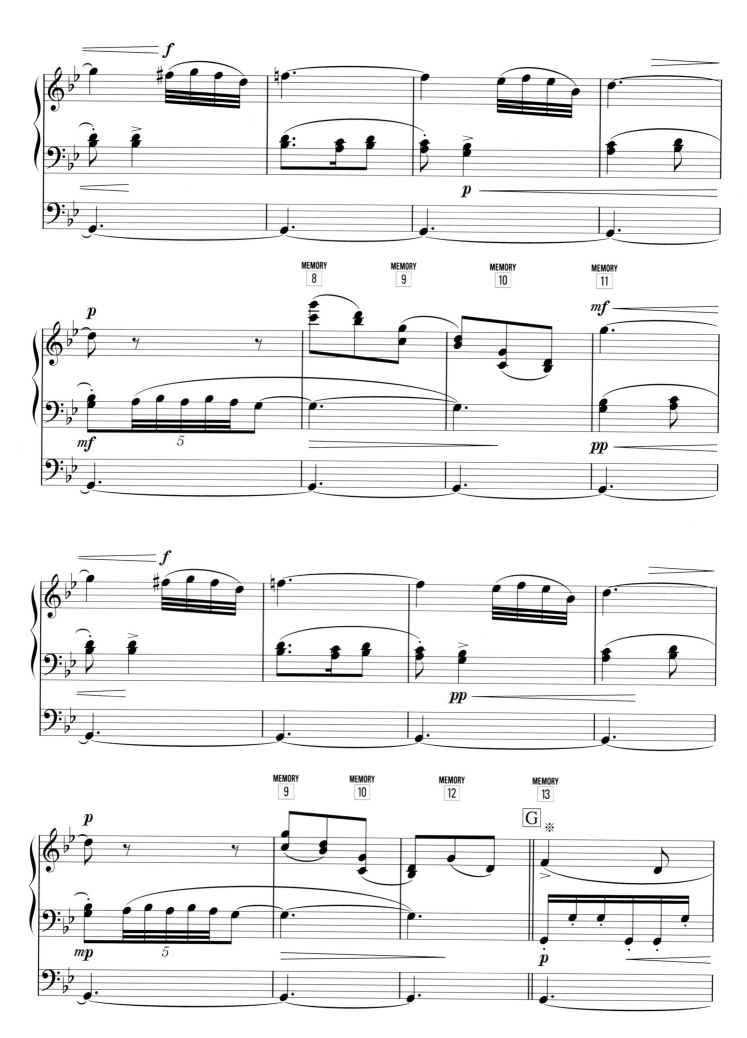

花のワルツ
Waltz of the Flowers

作曲：P. I. Tchaikovsky　エレクトーン編曲：矢口理津子

機　種	操作手順					メモリーチェンジ		レジスト数
						Intro	A〜	
ELS-01C／X ELS-01	MEMORY □	P花のワルツ　01C/X ▶ (MDR PLAY)	→	SEQ. ①②③④	→ MEMORY 1 → Aで RHYTHM START	レジスト シフト	レジスト シーケンス	2個

● Aまではメモリーチェンジを右フットスイッチで行います。AでリズムのSTARTボタンを押すとリズムがスタートし、以降メモリーは自動的にチェンジします。
● リズム・スタートはAからです。

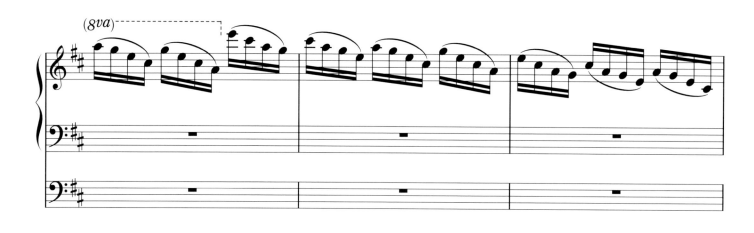
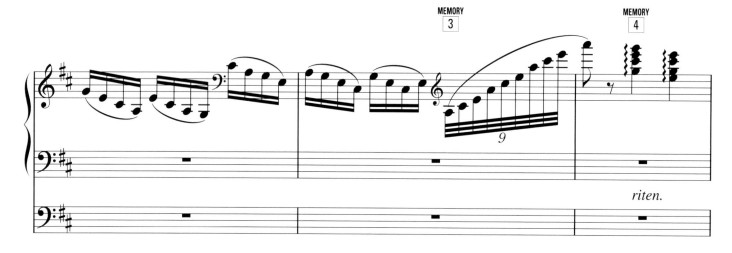
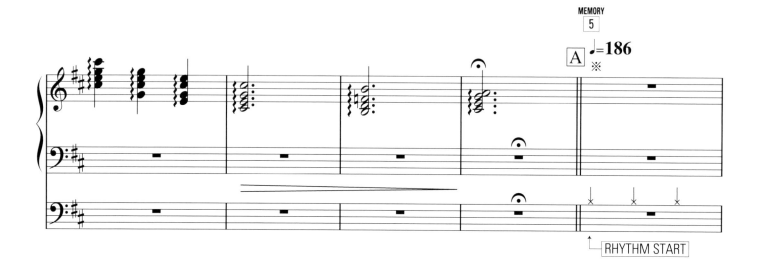

42　※SEQ.①はここから始まります。

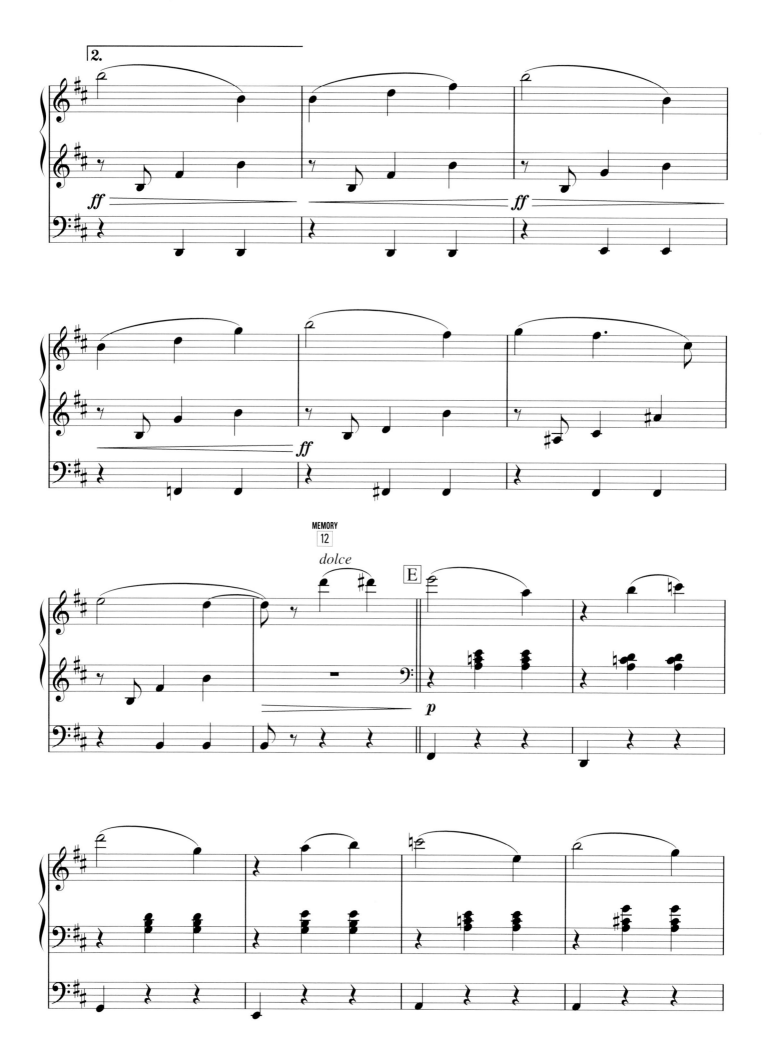

こんぺい糖の踊り
Dance of the Sugar-Plum Fairy

作曲：P. I. Tchaikovsky　エレクトーン編曲：諏訪智数

機　種	操作手順	メモリーチェンジ	レジスト数
ELS-01C／X ELS-01	Pこんぺい糖の踊り 01C／X　→　(MDR PLAY)　→　MEMORY 1	レジストシフト	1個

●この曲では、リズムは使用しません。

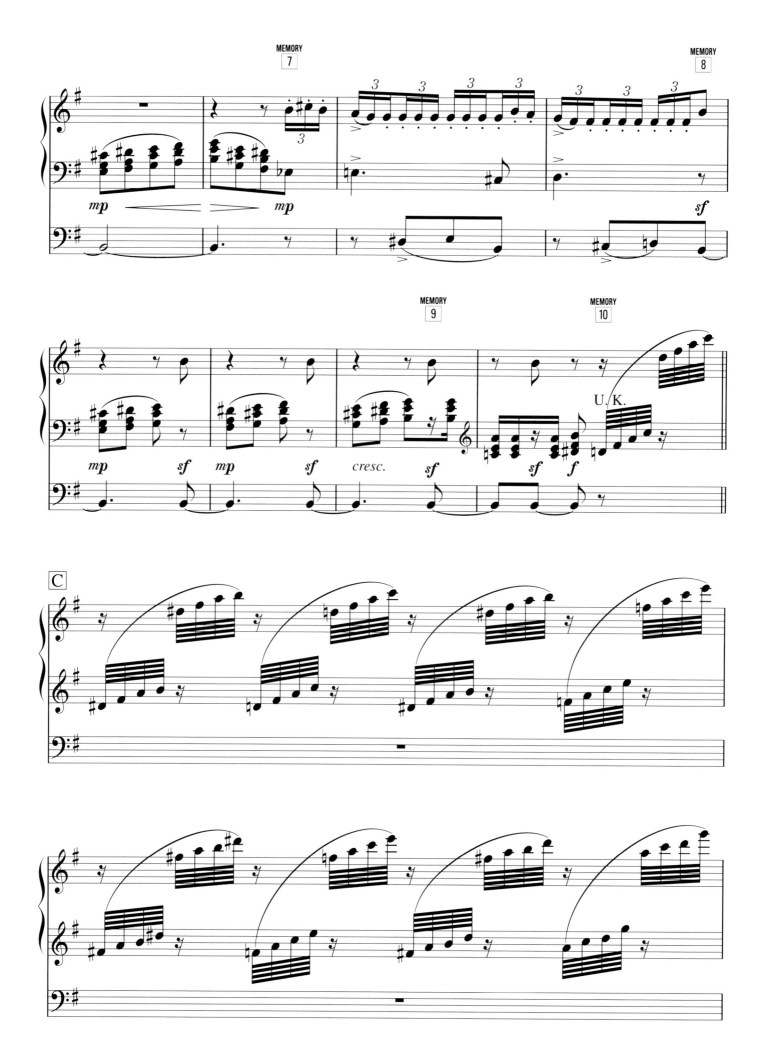

行進曲
March

作曲：P. I. Tchaikovsky　エレクトーン編曲：坂井知寿

機種	操作手順	メモリーチェンジ	レジスト数
ELS-01C／X ELS-01	P行進曲 01C／X → ▶(MDR PLAY) → SEQ.①②③④ → MEMORY 1 → RHYTHM START	レジスト シーケンス	2個

● この曲ではレジストレーション・データを2つ使用します。
　楽譜中の のタイミングで自動的に次のレジストレーション・データがエレクトーン本体にセットされます。

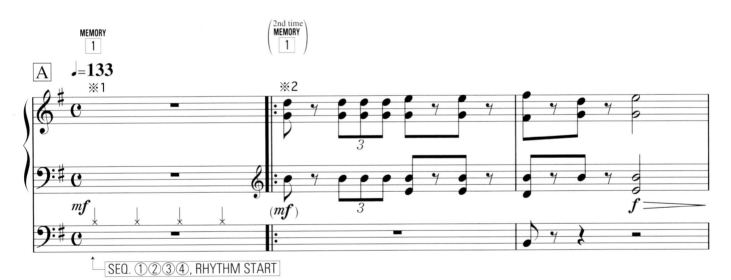

※1　SEQ.①はここから始まります。
※2　SEQ.②(2nd time)はここから始まります。

※1 装飾音(前打音)のところでメモリーチェンジします。
※2 SEQ.③はここから始まります。

※1 SEQ.④はここから始まります。
※2 装飾音(前打音)のところでメモリーチェンジします。

※装飾音(前打音)のところでメモリーチェンジします。

中国の踊り
Chinese Dance

作曲：P. I. Tchaikovsky　エレクトーン編曲：吉原美帆

機　種	操作手順	メモリーチェンジ	レジスト数
ELS-01C／X ELS-01	P中国の踊り 01C／X → (MDR PLAY) → MEMORY 1	レジスト シフト	1個

●この曲では、リズムは使用しません。

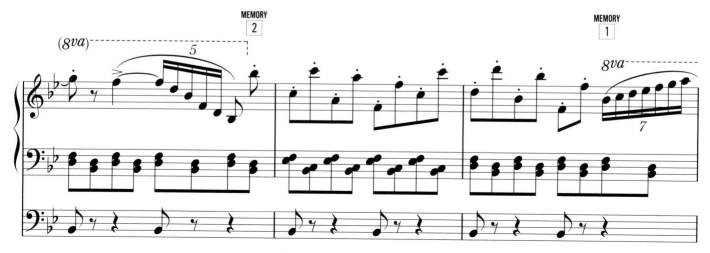

THE NUTCRACKER

TCHAIKOVSKY

この曲集の使い方

別売データを使用するには

Ver.1.61までとVer.1.7～ではMDRの画面表示が異なります。
ここではVer.1.7～の画面で解説していきます。

1. データが収録された「USBフラッシュメモリー」または「スマートメディア」を挿入しましょう。

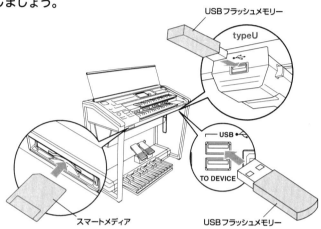

2. パネルの「MDR」ボタンを押してメディアを表示させます。

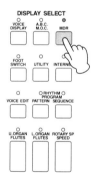

3. 「USB 01（USBフラッシュメモリー）」または「Smart Media（スマートメディア）」を選ぶと、フォルダーが表示されます。

　選ばれたフォルダーは、オレンジ色に変わります。選んだら、「中に」ボタンを押しましょう。

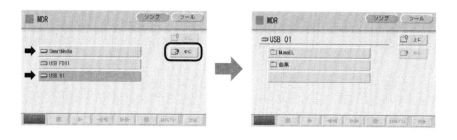

❗「エレクトーンデータショップ」でデータを入手した場合は、「USB 01」または「Smart Media」を選ぶと「自分で作ったフォルダー」または「ソング（楽曲）」が表示されます。

4 フォルダーを選択します。

- 「Muma」でデータを入手した場合は、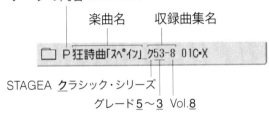というフォルダーが表示されます。

- 「インターネットダイレクトコネクション」または「エレクトーンデータショップ」でデータを入手した場合は、「自分で作ったフォルダー(ここでは例として「曲集」というフォルダーで表記しています)」または「ソング（楽曲）」が表示されます。

  ❗「ソング（楽曲）」が表示された場合は、下記「6」に進んでください。

選ばれたフォルダーは、オレンジ色に変わります。選んだら、「中に」ボタンを押しましょう。

❗「☐」がついているものが、「フォルダー」です。

5 「MumaEL」を選ぶと、さらにフォルダーが表示されます。

【単曲の例】

データの内容（詳しくは、次頁「ソングネームの見方」参照）
　　　楽曲名　　収録曲集名
　　☐ P狂詩曲「スペイン」 ク53-8 01C・X
　STAGEA クラシック・シリーズ
　　　グレード5〜3 Vol.8

【アルバムの例】

データの内容（詳しくは、次頁「ソングネームの見方」参照）
　　　　アルバム名
　　☐ Pク53-8ドラマティック・クラシック 01C・X
　STAGEA
　クラシック・シリーズ
　　グレード5〜3　Vol.8　　ドラマティック・クラシック

6 使用するソング（楽曲）を選びましょう。

タッチパネルで選択すると、選ばれたソングはオレンジ色に変わります（①）。表示されていない場合は、スクロールボタン（②）またはデータコントロールダイヤル（③）を用いて画面をスクロールし、表示させてください。
楽譜タイトル下の「操作手順」に従って、タッチパネルに表示されているMDR画面の操作ボタン（④）などを押して演奏を始めましょう。

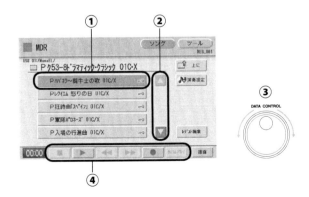

操作手順の見方

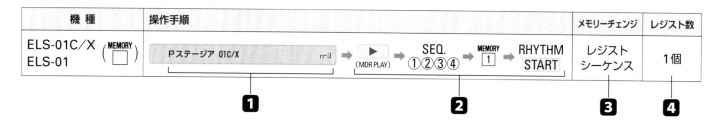

1. タッチパネルに表示される「ソングネーム（楽曲名）」です。必ず確認してから操作してください。

   ソングネームの見方

   ① あたまにつく「P」は、データの内容を示しています。

   | P | 「演奏する」ためのデータ（Play [演奏する] の省略記号） |

   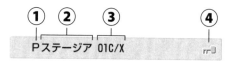

   ② 曲名を示しています。

   ここでは例として「ステージア」という曲名で表記しています。

   ③ データが作成された機種を示しています。

   | 01C/X | ELS-01C（カスタム・モデル）、ELS-01X（プロフェッショナル・モデル） |
   | 01 | ELS-01（スタンダード・モデル） |

   ④ 「プロテクトソング」であることを示しています。

   ❗ 別売データは、誤消去防止と著作権保護のため、上書きやコピーができないように「プロテクト」がかけられています。このようなソングデータを「プロテクトソング」といいます。

2. 矢印に従って操作をしましょう。

   記号の見方

   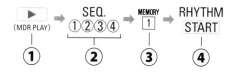

   ① MDRの「PLAY（プレイ）」ボタンを押します。
      画面に「砂時計」が表示されて、データを読み込んでいることを示します。

   ② パネルのリズムのシーケンスボタン「SEQ.①」〜「SEQ.④」を押します。
      ★楽譜中にリズムシーケンスの切り替わる位置を記載しています。部分練習をする場合に活用してください。

   ③ 曲のはじめのメモリーボタン（この場合は MEMORY 1 ）を押します。

   ④ パネルのリズムの「START（スタート）」ボタンを押します。

   ❗ プロテクトありの曲集データを本体に読み込んだ状態で、別のフォルダーに移動しようとすると、「別のフォルダーに移動するには、レジストレーションを初期化する必要があります。初期化してよろしいですか？」とメッセージが表示されます。別のフォルダーに移動したい場合は「初期化」を選んでください。
   （初期化しても、曲集のデータ自体に影響はありません。再度使用したい場合は、▶ボタンでデータをセットしてください。）

3. メモリーチェンジの種類を示しています。

   - 「レジストシーケンス（レジストレーションシーケンス）」
     リズムシーケンスにより、自動的に切り替わります。

   - 「レジストシフト（レジストレーションシフト）」
     右フットスイッチで切り替えます。

4. 1曲で使用するレジストレーションの個数を示しています。

STAGEAのメモリーチェンジのしくみ

STAGEAでは、「レジストレーションシーケンス機能」を使用することにより自動的にメモリーを切り替えることができます。
レジストレーションシフトで演奏する場合は、「レジストレーションシーケンス」を消去してご使用ください。

レジストレーション・データを「2個以上」使用する場合

- レジストシーケンス …… 楽譜中の NEXT のタイミングで、自動的に次のレジストレーション・データがセットされます。
- レジストシフト …… 楽譜中の NEXT のタイミングで、右フットスイッチを押してください。次のレジストレーション・データがセットされます。

再度同じ曲を演奏するには

- レジストレーション・データ「1個」…… 前記「❷」の②の操作から、もう一度行ってください。
- レジストレーション・データ「2個以上」…… ▶ (PLAY) ボタンを押して1つめのレジストレーション・データをエレクトーン本体に読み込ませ、操作手順に従って演奏してください。

❗ レジストレーション・データの内容を変更する場合は、「ソングコピー機能」を使って同一フォルダー内にコピーを作り、それを変更してください。

❗ 2つめのレジストを呼び出す方法は「取扱説明書」を参照してください。

別売データ使用上の注意

- 「アクセス中*」に、メディアを取り出したり、楽器本体の電源を切ったりしないでください。
  メディアが壊れたり、楽器本体やメディアのデータが壊れたりする恐れがあります。

- 別売データは、誤消去防止と著作権保護のため、上書きやコピーができないようにプロテクトがかけられています。プロテクトソングには、「 」のマークが表示されます。
  エレクトーン本体からメディアを取り出すと、セットされたデータは消えてしまいますので、再度使用する場合はデータを読み込むところからやり直してください。

- プロテクトソングの別のメディアへの移動は、STAGEA Ver.1.50以降から可能になります。

- パソコンでプロテクトソングを「移動」する場合は、必ず「ミュージックソフトダウンローダー (MSD)」の最新のバージョンでご使用ください。
  ミュージックソフトダウンローダー (MSD) を使わずに、データの移動やコピーをすると、著作権保護のためSTAGEAで再生することができなくなります。

- メディアの取扱いと保管については、各メディアまたはSTAGEAの「取扱説明書」を参照してください。

＊アクセス中
録音や再生などの「作業中」を指します。また電源が入っている状態でメディアを挿入したときも、楽器本体がメディアの種類を確認するために自動的にアクセス状態になります。

❗ プロテクトソングは、「XG変換」「ELS→EL変換」はできません。

❗ 「ソング削除」の操作をすると、プロテクトがかけられていてもデータは消去されてしまいます。必要なデータを消してしまわないようにご注意ください。

❗ 最新のミュージックソフトダウンローダーは、
http://www.yamaha.co.jp/download/msd/ にて無料でダウンロードできます。

STAGEA クラシック・シリーズ（グレード5〜3級）Vol.10
バレエ組曲「くるみ割り人形」

エレクトーン編曲	岩崎孝昭／大木裕一郎／坂井知寿／諏訪智数／ 廣田奈緒子／松内 愛／矢口理津子／吉原美帆
発行者	堤 聡
発行所	株式会社ヤマハミュージックエンタテインメントホールディングス ミュージックメディア部 〒171-0033 東京都豊島区高田3-19-10

本書についてのお問合わせは、株式会社ヤマハミュージックエンタテインメントホールディングスまで
Tel. 03-6894-0250（営業）

インターネット・ホームページ https://www.ymm.co.jp

造本にはじゅうぶん注意しておりますが、万一、落丁・乱丁などの不良品がありましたらお知らせください。
2011年 1月 1日 初版発行
2021年12月30日 改訂4版（第7刷）発行
© 2011 Yamaha Music Entertainment Holdings, Inc.
＊エレクトーン®／ELECTONE®はヤマハ株式会社の登録商標です。
デザイン　室本美保子
製　作　株式会社トーオン
印刷・製本　MDP Office

皆様へのお願い

楽譜や歌詞・音楽書などの出版物を権利者に無断で複製（コピー）することは、著作権の侵害にあたり、著作権法により罰せられます。
また、出版物からの不法なコピーが行われますと、出版社は正常な出版活動が困難となり、ついには皆様方が必要とされるものも出版できなくなります。
音楽出版社と日本音楽著作権協会（JASRAC）は、著作者の権利を守り、なおいっそう優れた作品の出版普及に全力をあげて努力してまいります。
どうか不法コピーの防止に、皆様方のご協力をお願い申しあげます。

　　　株式会社ヤマハミュージックエンタテインメントホールディングス
　　　一般社団法人 日本音楽著作権協会（JASRAC）